DɪʀᴇᴄᴄɪÓɴ ᴇᴅɪᴛᴏʀɪᴀʟ M.ª Jesús Díaz

Tᴇxᴛᴏ María Forero
RᴇᴠɪsɪÓɴ Isabel López
Iʟᴜsᴛʀᴀᴄɪᴏɴᴇs Alberto G. Ayerbe
DɪsᴇÑᴏ ᴅᴇ ᴄᴏʟᴇᴄᴄɪÓɴ José Delicado

© SUSAETA EDICIONES S.A.
C/ Campezo, 13 - 28022 Madrid
Tel.: 91 3009100
www.susaeta.com

D.L.: M-30369-MMMMMM

# HISTORIA DE LA ESCLAVITUD

Texto de María Forero
Ilustraciones de Alberto G. Ayerbe

# OTROS PROTAGONISTAS

## Juan Latino

Esclavo de origen africano que vivió en Andalucía en el siglo XVI. Aprendió a leer aprovechando las lecciones que le impartían al hijo de su dueño. Obtuvo la libertad y se graduó en la Universidad de Granada, donde obtuvo una cátedra.

## Olaudah Equiano

Nació en Nigeria en 1745. A los once años lo secuestraron y fue trasladado en barco a América. Tuvo varios dueños antes de poder comprar su libertad. Fue el primer esclavo africano que escribió sus memorias.

## Rosalía Gómez

Rosalía nació en 1801 en Tenerife. Hija y nieta de esclavas, la separaron de su madre siendo aún una niña. Alcanzó la libertad a los 40 años. Se cree que fue la última esclava en España.

## Harriet Tubman

Hija de padres esclavos, nació en Maryland (EE. UU.) en torno a 1820. Tras lograr fugarse, se dedicó a ayudar a otros esclavos. En total, ayudó a 70 esclavos, lo que le valió el apodo de «Moisés».

## Josefina Bakhita

Nació en Sudán hacia 1869. Esclavizada de niña, fue torturada durante años, hasta que su último dueño le permitió ingresar en un convento católico. En 2000 fue canonizada por ser un ejemplo de perdón y entrega.

## Mary Ellen Pleasant

Nacida libre, fue una de las primeras afroamericanas en labrarse una fortuna como empresaria. Pleasant empleó su dinero e influencia en la causa abolicionista y la lucha por los derechos civiles.

## Edward Colston

Entre 1672 y 1680, este tratante inglés llegó a vender 80.000 africanos, al tiempo que donaba dinero para obras de beneficencia. Por ello, Bristol le erigió una estatua, que fue derribada y arrojada al muelle en 2020.

## Pedro Blanco

Fue uno de los mayores tratantes de esclavos entre 1822 y 1838, cuando ya estaba prohibida la esclavitud. A base de sobornar a las autoridades, este malagueño amasó una fortuna con los esclavos.

# Índice

# LA ESCLAVITUD, ESA LACRA SOCIAL

El esclavo es una persona a la que se considera un objeto y, como tal, carece de derechos. El esclavo pertenece a otra persona, que puede hacer con él lo que más le convenga (venderlo, regalarlo o intercambiarlo). Incluso ha habido momentos en la historia en los que el propietario podía matar a su esclavo si había cometido alguna infracción o si deseaba que formara parte de su ajuar funerario.

Se considera trata de esclavos todo acto de captura, adquisición o cesión de un individuo con objeto de venderlo o intercambiarlo y, en muchas ocasiones, trasladarlo a otro lugar.

Desde la antigüedad más remota hasta finales del siglo XIX —momento en el que la esclavitud fue condenada a nivel mundial—, esta lacra social ha estado presente en todas las civilizaciones. Los imperios antiguos prosperaron con la ayuda de mano de obra esclava, y muchas de las grandes obras arquitectónicas que han llegado hasta nuestros días fueron construidas por esclavos.

La forma de tratar a estas personas dependía de sus funciones, el entorno en el que las desarrollaban y la costumbre. A menudo los esclavos desempeñaban las tareas más duras, aquellas que nadie quería realizar. Otras veces, sin embargo, sus trabajos eran menos extenuantes y el trato que recibían, mejor.

# EL ESCLAVO
# EN EL MUNDO ANTIGUO

La esclavitud se remonta a la Edad Antigua. Fue uno de los destinos posibles de los prisioneros de guerra; el otro era la ejecución.

Pueblos enteros fueron esclavizados tras ser conquistados. A los esclavos se les obligaba a recorrer largas distancias a pie o en barco para ir desde el lugar en el que habían sido capturados hasta la región donde vivirían a partir de entonces. Desde Nubia hasta Egipto; desde Britania hasta Roma; desde el mar Negro hasta Grecia: travesías largas y agotadoras para los esclavos, y costosas para los tratantes (aunque, sin duda, rentables).

El destino que aguardaba a estas personas era diverso: desde el desempeño de trabajos muy duros —la minería, la agricultura, la construcción...—, hasta el servicio doméstico y los oficios cualificados. Algunas de estas tareas no requerían formación (es el caso de los esclavos destinados a galeras*), mientras que otros trabajos exigían conocimientos muy específicos, por lo que los esclavos que los desempeñaban debían ser competentes y cultos.

El constante trasiego de esclavos hizo que surgieran una serie de rutas. Estas tenían como punto de partida los lugares más diversos y, como punto de llegada, las

*GALERA: tipo de embarcación utilizada en la Edad Antigua. Al ser impulsada por la fuerza de los remos más que por las velas, se necesitaba un grupo numeroso de remeros, los llamados «galeotes».

capitales de los grandes imperios, donde los esclavos eran vendidos. A partir de ese momento su suerte era desigual. Los más afortunados no siempre vivían encerrados (parece que en Atenas algunos esclavos gozaban de libertad de movimiento y ciertos «privilegios»).

Durante mucho tiempo el número de esclavos fue en aumento. Esto se debió a dos factores: por un lado, los hijos de las mujeres esclavas nacían esclavos; por otro, la afluencia de prisioneros extranjeros era constante.

## Antiguo Egipto

La prosperidad del Antiguo Egipto se debió en parte al trabajo de los esclavos.

Con el faraón Ramsés II, en el siglo XIII a. C., la llegada de esclavos fue tan elevada que alivió la carga de trabajo de las castas inferiores, sobre las que recaían los trabajos de construcción. Estos esclavos eran, en su mayoría, sudafricanos (Nubia, Somalia, Etiopía…).

Hasta el siglo VIII a. C., los egipcios que no pagaban sus deudas podían ser esclavizados por sus acreedores, y también muchos criminales recibían este castigo en vez de ser condenados a muerte. Los hombres eran destinados al ejército y al desempeño de las tareas más duras, mientras que las mujeres solían utilizarse en el servicio doméstico y como concubinas*.

Los esclavos que pertenecían al Estado eran tratados con mayor crueldad que los que eran propiedad de un particular, pues estos últimos estaban protegidos por la ley. Por ejemplo, si un hombre tenía un hijo con una esclava, estaba obligado a reconocerlo y alimentarlo, y la condena por matar a un esclavo era la muerte. También había leyes que trataban de evitar los abusos de poder. Gracias a unos archivos egipcios que han llegado hasta nuestros días, conocemos la historia de la esclava Kisaya, a quien su propietaria, la dama Tulpunnaya, quería casar con un esclavo de la casa. Resultó que la joven estaba enamorada de otro muchacho y, ante la insistencia de la dueña, decidió llevar su caso a los tribunales, que sentenciaron a su favor.

# Antigua Grecia

En la Antigua Grecia eran frecuentes los debates sobre la esclavitud. No se cuestionaba la institución en sí, que estaba tan arraigada que se consideraba como un hecho natural e imprescindible para el desarrollo económico y social; lo que se debatía era el modo en el que había que tratar a los esclavos.

Había quienes recomendaban el uso de castigos y amenazas para mantenerlos siempre sumisos (flagelar a los esclavos era una práctica frecuente; los azotes podían darlos el amo o el capataz, que a menudo era otro esclavo). Sin embargo, también había quienes pensaban que el buen comportamiento debía ser fomentado con premios (entre ellos la libertad).

La primera condena de la esclavitud de la que se tiene noticia proviene de los estoicos, una escuela

filosófica griega que defendía el control del pensamiento y las emociones como medio para alcanzar el equilibrio y la paz espiritual.

En cuanto a las tareas de los esclavos en la Antigua Grecia, se sabe que podían desempeñar cualquier actividad salvo la política, que estaba reservada a los ciudadanos*.

A los esclavos varones se los utilizaba, sobre todo, en el campo y también para desempeñar trabajos artesanos o en el servicio doméstico. A las mujeres se las destinaba principalmente al servicio doméstico (solo las familias más pobres no tenían una esclava). Los esclavos de las minas eran tratados con extrema dureza, mientras que los de las ciudades gozaban de más autonomía. Podían vivir y trabajar por su cuenta a cambio de pagar una renta a su amo, e incluso comprar su libertad.

## Antigua Roma

La Antigua Roma creó el mayor sistema esclavista de la historia. Esta práctica estaba tan arraigada que ni siquiera se debatía si era o no justa.

Se sabe que el número de esclavos varió a lo largo de los siglos. Durante el periodo en el que gobernó el emperador Augusto (entre los años 27 a. C. y 14 d. C.), se calcula que un 30 % de la población era esclava, mientras que en el Egipto romano representaban un 10 %. No tenían propiedades ni se les reconocían los lazos familiares. Se consideraban objetos o mercancías y, si se los trataba bien, era solo para evitar que se rebelaran y preservar su valor de cara a una posible venta futura.

La mayoría de los esclavos eran prisioneros de guerra, lo que servía de justificación a los romanos, que creían tener derecho divino para gobernar pueblos a los que consideraban inferiores.

Con todo, la guerra no era la única vía para hacerse con esclavos. También lo eran la piratería, el comercio y el bandolerismo. Además de los esclavos por descendencia.

Este grupo de personas constituía la clase social más baja, pues incluso los reos tenían más derechos. El único momento del año en el que se les concedía ciertas libertades era durante las Saturnales*.

*SATURNALES: fiestas que se celebraban en diciembre en honor a Saturno, dios de la agricultura, y para homenajear la victoria de un famoso general. Durante siete días la sociedad al completo participaba en suntuosos banquetes y se intercambiaban regalos.

En la mayoría de las grandes ciudades de la Antigua Roma existía un mercado destinado a la trata. El más grande estaba en Delos, una isla griega que cayó en manos romanas en el año 166 a. C. Los esclavos desfilaban ante los posibles compradores con un cartel colgado al cuello en el que se enumeraban sus virtudes. Se decía que en el mercado de Delos podían llegar a venderse en un solo día 10.000 esclavos.

# La función de los esclavos

La mano de obra esclava se utilizaba en todos los ámbitos de la vida romana, salvo para desempeñar cargos públicos. Se usaba en la agricultura (en los sectores del cereal, la vid y el olivo), en las minas (sobre todo de oro y plata), en el transporte, en la educación, en el ejército (como portadores de equipaje y ayudantes de campo), en la industria de servicios (alimentación y contabilidad), en el hogar, en la construcción de carreteras, en los baños públicos, e incluso para realizar distintas tareas en los rituales de culto.

Las condiciones de los esclavos agrícolas eran las peores. Vivían en barracas y a menudo se los mantenía encadenados. En Pompeya se han encontrado restos óseos que presentan artritis y torceduras que solo pueden ser resultado de un exceso de trabajo y una desnutrición prolongada.

Un modesto comerciante o artesano solía contar con uno o dos esclavos. Para las élites romanas, los esclavos eran un símbolo de poder y riqueza, por lo que en las casas más adineradas podía llegar a haber 400 esclavos. Sus funciones eran variadas: aguador, mayordomo, orfebre, zapatero, guardarropa, limpiador de muebles, camarero, lector, escribano, secretario, médico, nodriza, despensero, partera, doncella de tocador, lacayo, albañil, panadero, masajista… Algunos tenían bastante formación, como los tesoreros. También era frecuente que el romano rico se hiciera acompañar en sus salidas por un séquito de esclavos.

# Ganar la libertad

El sueño de todo esclavo era alcanzar la libertad. Esta podía ser concedida por el propietario, aunque era más habitual que el esclavo la comprara. Esto era posible porque a menudo los esclavos recibían de su dueño un pequeño salario, de modo que, si ahorraban durante años, podían llegar a comprar su libertad. Solo los que habían caído en la esclavitud por haber cometido un delito no tenían esta posibilidad.

En la Antigua Roma, los esclavos liberados se llamaban «libertos». Eran personas libres, pero no poseían los mismos derechos que un «ingenuo» (aquel que había nacido libre y nunca había caído en la esclavitud). La limitación más importante que sufrían era que no podían desempeñar cargos políticos ni religiosos, lo cual era importante, pues no había otro modo de ganar prestigio social.

Solo había dos excepciones a la norma anterior: una magistratura* municipal cuyo cometido era la organización de espectáculos y otra magistratura introducida por el emperador Augusto, que consistía en ocuparse del culto de los emperadores divinizados.

*MAGISTRATURA: en la Antigua Roma, una magistratura era un cargo que se otorgaba a un ciudadano para que desempeñara determinadas funciones relacionadas con la administración y la dirección política de la ciudad.

Gracias a estas dos magistraturas, el liberto podía ascender socialmente. También podía hacerlo financiando obras públicas, pero para eso se necesitaba mucho dinero. Hay que decir que muchos libertos lograron amasar una fortuna. Tanto es así que, por increíble que parezca, algunos llegaron a tener un número elevadísimo de esclavos.

Otra limitación que tenían los libertos era el matrimonio. Hasta la época del emperador Augusto, solo podían casarse entre ellos o con un extranjero. Más tarde la ley cambió y empezó a ser frecuente que el dueño de una esclava la liberara para poder casarse con ella.

Otro aspecto interesante era la relación que existía entre el liberto y su antiguo propietario. Este último estaba obligado a ayudar a su antiguo esclavo en caso de que quisiera emprender un negocio, y también facilitarle un abogado si iba a juicio. Era frecuente que le proporcionara un terreno para ser enterrado —incluso un lugar en su propia tumba—, y a veces le pasaba una pequeña pensión.

En cuanto al liberto, tenía tres obligaciones con su antiguo patrón:

—si regentaba un negocio, debía entregarle una parte de los beneficios (en dinero o en especie);

—si el liberto moría sin descendientes, era su antiguo dueño quien le heredaba;

—por último, se comprometía a orar y hacer ofrendas a los dioses en su honor.

Muchos libertos optaron por la seguridad y, después de alcanzar la libertad, continuaron en casa de su patrón dedicándose a las mismas tareas de siempre solo que con mayor dignidad.

# La rebelión de los esclavos

Existían leyes que intentaban evitar que los propietarios se propasaran con sus esclavos, y también se escribieron tratados en los que se recomendaba evitar la crueldad con ellos, darles tiempo libre y mejorar sus raciones de comida. Aun así, los esclavos se resistieron a su cautiverio, y no solo en la Antigua Roma, sino a lo largo de toda la historia de la esclavitud.

A veces su forma de protestar por la vida que llevaban se limitaba a trabajar más despacio o robar al amo, pero también hubo auténticas rebeliones. En la Antigua Roma, las más famosas fueron la de Euno, en Sicilia, y la de Espartaco, en el sur de Italia.

## Euno, rey de los esclavos

Sicilia fue la primera provincia de ultramar de Roma y también una de las grandes proveedoras de grano.

Pronto se crearon latifundios que estaban en manos de ricos terratenientes y que eran explotados por esclavos. Las condiciones de vida de estos eran tan duras que cada año había centenares de víctimas. Los obligaban a trabajar en el campo encadenados, desde el amanecer hasta el anochecer; apenas les daban comida, por lo que se veían obligados a recurrir al pillaje, y de noche los encerraban en sofocantes pozos subterráneos. Este maltrato continuado llevó a los esclavos de Sicilia a rebelarse a gran escala. Fue la primera guerra servil de Roma, que duró del año 135 al 132 a. C.

Se calcula que el número de sublevados osciló entre 60.000 y 70.000. A la cabeza del primer levantamiento estuvo Euno, un esclavo sirio del que se decía que predecía el futuro y practicaba la magia. Con la ayuda de 400 esclavos, capturó y saqueó la ciudad de Enna, en el centro de Sicilia. La rebelión se extendió rápidamente por la isla y Euno llegó a proclamarse rey. Tras varios enfrentamientos con el ejército romano, la rebelión fue sofocada.

Unos años después, tuvo lugar la segunda guerra servil, también en Sicilia, entre los años 104 y 100 a. C.

### Espartaco, líder de la tercera guerra servil

Espartaco pertenecía a una familia noble de Tracia, una región situada en la península de los Balcanes que había permanecido bajo dominio griego antes de ser ocupada por los romanos.

Cuando Tracia cayó, Espartaco fue obligado a servir en el ejército de Roma. Tras desertar, fue capturado y convertido en esclavo. Un mercader se fijó en él y, pensando que tenía aptitudes como gladiador*,

Euno lideró el levantamiento de esclavos de Sicilia durante la primera guerra servil. Se dice que lanzaba fuego por la boca para alentar a sus soldados.

lo compró, tras lo cual Espartaco ingresó en la escuela de gladiadores de Capua.

*GLADIADOR: persona que luchaba en el anfiteatro contra otros gladiadores, animales salvajes o condenados a muerte para entretenimiento del público que ocupaba las gradas.
A menudo los gladiadores eran esclavos o condenados, pero también hubo hombres y mujeres libres que se dedicaron a este oficio de manera voluntaria.

(Sigue...)

Espartaco convirtió una revuelta de gladiadores en la mayor rebelión de esclavos que conoció Roma.

(... Viene de GLADIADOR)

*Los llamados «juegos de gladiadores» gozaron de un gran éxito durante casi un milenio. Cuando el cristianismo se convirtió en la religión oficial, en el año 380, fueron perdiendo popularidad hasta desaparecer.*

*En el ludus ('escuela de gladiadores' en latín), los gladiadores eran entrenados para matar. Cada uno se especializaba en un arma y una técnica de combate. Estaban los que luchaban montados en un carro; los que portaban red, tridente y daga pero iban sin casco; los que iban bien armados y se protegían con un casco y un escudo… Los gladiadores luchaban en parejas y seguían unas reglas. Su destino podía ser: salir victorioso, rendirse o morir a manos de su rival.*

*Los vencedores recibían, además del aplauso del público, la palma de la victoria, una corona de laurel y un premio. En el caso de los gladiadores esclavos, se les podía conceder la libertad, y los condenados a muerte podían alcanzar el perdón.*

*Los gladiadores que eran derrotados solían ser ejecutados, aunque, si habían luchado bien, a veces el público los indultaba.*

*Algunos gladiadores alcanzaron gran fama. Los hubo que contaron con la protección imperial, e incluso se llegó a rumorear que el emperador Cómodo no era hijo de Marco Aurelio, sino de un gladiador que había cautivado a su madre, la emperatriz Faustina. Rumores aparte, no se puede negar la afición de Cómodo por los juegos de gladiadores. Tanto es así que llegó a participar como gladiador en 600 juegos; ganó todos sus combates, aunque se sospecha que contaba con mejores armas que sus contrincantes, e incluso que los mandaba drogar antes del combate.*

(Sigue...)

(... Viene de GLADIADOR)

*Aunque no era frecuente, también hubo mujeres gladiadoras.*
*Parece que el objetivo de los organizadores de los juegos al*
*incorporarlas era dar un espectáculo diferente. Al igual que los*
*hombres, luchaban con el pecho descubierto, por lo que*
*la sociedad de la época lo veía como algo obsceno.*
*Que una mujer noble quisiera ser gladiadora era impensable,*
*pero en el caso de una antigua esclava o una mujer libre pobre,*
*se aceptaba como un modo de ganarse*
*la vida.*

La vida en el *ludus* era dura. Los alumnos eran, en su mayoría, esclavos procedentes de la guerra y delincuentes condenados a luchar en la arena; sin embargo, también había hombres libres que decidían hacerse gladiadores por distintos motivos (alcanzar la gloria, como un medio de vida o para saldar una deuda).

Los gladiadores se alojaban en celdas que se hallaban situadas alrededor de un campo de prácticas, y los condenados se pasaban la mayor parte del tiempo encadenados. Todos entrenaban durante largas horas, sufrían castigos corporales y, si cometían una infracción grave, podían ser ejecutados. Sin embargo, gozaban de ciertas ventajas: comida abundante, alojamiento, atención médica y una oportunidad de luchar por la fama y la libertad (si eran esclavos y salían victoriosos en los combates, podían ser premiados de este modo).

Fue en la escuela de Capua donde Espartaco planeó su fuga junto a dos compañeros de origen celta. De los 200 hombres que se enfrentaron a los vigilantes, solo 74 lograron escapar (entre ellos se dice que había una mujer). Se refugiaron en el monte Vesubio y, por el camino, fueron saqueando campos y aldeas, lo que les permitió hacerse con armas y un botín.

Enseguida se supo que Espartaco repartía el botín de manera equitativa entre sus hombres, y esto hizo que se les unieran muchos esclavos de los alrededores, fugitivos e incluso algunos trabajadores libres con pocos recursos.

Un año después de la huida de Capua, en la primavera del año 72 a. C., sus seguidores ya ascendían a cuarenta mil, y no tardarían en pasar de sesenta mil. Espartaco conocía bien las tácticas bélicas del ejército romano e instruyó a sus tropas en la disciplina militar, lo que le permitió derrotar a las legiones romanas nueve veces a lo largo de tan solo dos años.

Alarmado por estos fracasos militares, el Senado decidió reunir ocho legiones bajo el mando de Craso, que consiguió la retirada de los rebeldes, y envió a dos de sus mejores generales, Pompeyo y Lúculo, para acabar con las tropas de Espartaco. Este cayó heroicamente en la batalla, aunque su cuerpo nunca fue encontrado. A modo de escarmiento y advertencia, seis mil prisioneros fueron crucificados a lo largo de la vía Apia, entre Capua y Roma.

Así acabó la tercera y última guerra servil.

# ESCLAVITUD Y SERVIDUMBRE EN LA EDAD MEDIA

La esclavitud fue una práctica habitual en la Edad Antigua y lo siguió siendo durante la Edad Media, aunque con algunos matices. En Europa, por ejemplo, existía la servidumbre, que era una forma suavizada de esclavitud más acorde con la doctrina cristiana, que sostiene que todos los seres humanos somos iguales a los ojos de Dios.

A continuación haremos un breve recorrido por los pueblos e imperios de la Edad Media y su particular visión de la esclavitud.

## Los vikingos

Los vikingos fueron pueblos navegantes de origen escandinavo que entre los siglos VIII y XI realizaron incursiones por las islas del Atlántico y casi toda Europa occidental.

Estos pueblos eran fuertemente esclavistas. Sus leyes sostenían que una persona tenía derecho a esclavizar a todo aquel a quien hubiera capturado, a quien le debiera dinero y no pudiera devolvérselo, y a quien hubiera cometido un delito por el que se viera afectado (previa sentencia de un tribunal).

El propietario tenía pleno derecho sobre su esclavo. Podía venderlo e incluso matarlo. Hasta podía exigir que, a su muerte, el esclavo fuera ejecutado y enterrado como parte de su ajuar funerario.

Durante cientos de años, los hombres y mujeres del norte y el este de Europa temieron las incursiones vikingas más que nada, pues sabían que el destino de los pueblos atacados era la muerte o la esclavitud. A veces ajusticiaban a todos los hombres y se llevaban a las mujeres, a las que convertían en esclavas sexuales.

Además de poseer esclavos, los vikingos se dedicaban a la trata. A menudo sus incursiones en territorio enemigo tenían como objetivo hacer prisioneros para luego venderlos. Aunque esta práctica era legal, a medida que los vikingos fueron convirtiéndose al cristianismo empezó a estar mal visto esclavizar a los cristianos, por lo que se centraron en capturar a musulmanes, judíos, herejes* y pueblos no cristianizados.

# El Imperio otomano

El Imperio otomano tuvo su origen en un pequeño Estado turco que se extendió por el sureste de Europa, Oriente Próximo y el norte de África en los siglos XVI y XVII.

Los turcos desarrollaron un intenso comercio de esclavos. Se calcula que a principios del siglo XVII una quinta parte de la población de Constantinopla, capital del imperio, era esclava. La mayoría eran prisioneros de guerra, pero también se organizaron expediciones que tenían como objetivo el secuestro de hombres y mujeres para su posterior venta.

El sur del Sáhara suministró un gran número de esclavos a los turcos. Tras ser secuestradas, estas personas tenían que atravesar a pie el desierto y recorrer largas distancias hasta llegar a Oriente Medio, donde eran vendidas. El camino era tan duro que muchos morían por el camino.

Además de los esclavos subsaharianos, los turcos comerciaron con personas de origen eslavo y caucásico. También negociaban con los piratas del Mediterráneo. El modo de actuar de los corsarios era abordar un barco, capturar a la tripulación y a los pasajeros y, tras llevarlos a tierra, venderlos como esclavos. El destino de las mujeres eran los harenes y prostíbulos de Oriente; en el caso de los hombres, las minas y canteras, y el campo.

# El Imperio islámico

La esclavitud existía en Arabia antes de la aparición del islam y continuó existiendo después de que esta religión se expandiera por el mundo dando lugar a un vasto imperio. Por el oeste, los musulmanes se asentaron en el norte de África y la península ibérica; por el norte, en Asia Menor y Europa oriental; y por el este, en Asia Central, parte de la India y el Sudeste Asiático.

Según la ley islámica, solo los no creyentes podían ser esclavizados; sin embargo, cuando el islam se extendió por África, esta norma se violó sistemáticamente, y la trata de negroafricanos alcanzó un gran desarrollo. En buena medida esto se debió a la colaboración de los soberanos africanos, que aceptaron intercambiar habitantes de sus aldeas por ciertos productos.

En el Imperio musulmán era costumbre dar a los cautivos de guerra la posibilidad de convertirse al islam e integrarse en la sociedad. Si no lo hacían, solo tenían estas salidas:

—pagar un impuesto y conservar su religión (como ocurrió en la península ibérica);

—pagar un rescate;

—beneficiarse de un intercambio de prisioneros.

Pese a ello, la realidad es que miles de cautivos de guerra fueron esclavizados y distribuidos por el imperio.

A diferencia de lo que ocurría en Europa, el destino de estos esclavos no solía ser la agricultura y la ganadería. Un caso excepcional fue el de los califas abasíes, que en el siglo XI intentaron desalinizar las marismas del sur de Irak para cultivar caña de azúcar utilizando esclavos africanos como mano de obra. El proyecto fracasó porque las condiciones de trabajo eran tan duras que los esclavos se sublevaron (rebelión Zanj).

La mayoría de los esclavos se destinaba al servicio doméstico, pues la sociedad árabe consideraba poco dignas estas tareas. Los hombres se dedicaban a la jardinería y la vigilancia. En cuanto a las mujeres, había esclavas de alta y de baja condición. Las primeras destacaban por su belleza y buena salud, y su destino solía ser el de esclavas sexuales. Durante el califato omeya, a estas esclavas se les enseñaba música y poesía para que entretuvieran a la clase alta. Una de ellas fue Maryan, una esclava cristiana que acabó convirtiéndose en la esposa principal del califa de Córdoba Abderramán III y madre del sucesor al trono.

Un jefe de familia musulmán en el harén con sus concubinas y esclavas sexuales.

La joven cristiana Julia Gonzaga huye, a caballo y en plena noche, del pirata Jeireddín Barbarroja.

## ESCLAVOS CRISTIANOS

*Las costas y embarcaciones de Gran Bretaña, Italia, Portugal, España y las islas mediterráneas fueron atacadas con frecuencia por la piratería berberisca —los corsarios musulmanes— entre los siglos XVI y XIX. Hay historiadores que cifran en un millón los europeos que fueron capturados para ser vendidos como esclavos en el norte de África y el Imperio otomano.*

*Durante la primera mitad del siglo XVI, el almirante y pirata otomano Jeireddín Barbarroja sembró el terror en las costas cristianas al llevar a cabo numerosas incursiones en las que hacía un gran número de cautivos. Una de estas expediciones tuvo un objetivo muy concreto: capturar a la joven Julia Gonzaga —una viuda célebre por su hermosura— para luego entregarla al harén del sultán. Para ello, Barbarroja y su ejército asaltaron la ciudad italiana de Fondi, donde vivía la viuda. Según la leyenda, la joven logró escapar en plena noche de los hombres de Barbarroja cabalgando a lomos de un caballo.*

*Otra célebre incursión fue la llevada a cabo en el año 1558 por el pirata Mustafá Piali en Ciudadela (Menorca). Tras destruir la ciudad, hizo 3.500 prisioneros, que fueron trasladados a Estambul y vendidos como esclavos. Las islas Baleares sufrieron tantos ataques de piratas berberiscos que su costa se llenó de torres de vigilancia e iglesias fortificadas.*

Las nodrizas gozaban de mayor respeto, mientras que las esclavas de baja condición desempeñaban los trabajos domésticos y las tareas más duras se reservaban a las esclavas negras.

Los musulmanes también destinaron un gran número de esclavos al ejército. Un caso especial lo constituyen los mamelucos, un grupo de soldados esclavos que, con el paso del tiempo, pasaron a convertirse en una casta con un gran poder político y social.

En un principio los mamelucos eran esclavos de origen turco; más adelante también los hubo armenios, mongoles, ucranianos y rusos. Estos esclavos ingresaban en unas escuelas especiales en las que recibían una estricta formación militar que los convertía en soldados muy cualificados y valorados.

Los primeros en darse cuenta del potencial guerrero de los esclavos turcos fueron los emires iraníes, que en el siglo IX decidieron incorporarlos a su ejército. Su eficacia y ferocidad impresionaron también a los califas de Bagdad, que no solo los utilizaron como soldados, sino que les otorgaron una serie de privilegios que a la larga despertaron la envidia de la población, lo que provocó fuertes altercados.

En el siglo XIII los mamelucos de Egipto alcanzaron tanta relevancia e influencia que conspiraron contra el sultán y, tras ejecutarlo, se hicieron con el poder. El sultanato mameluco duró desde el año 1250 hasta 1517, momento en el que el Imperio otomano conquistó Egipto, pero incluso después los mamelucos conservaron su influencia.

En el año 1250 el sultán de Egipto Turan Shah murió asesinado a manos de Baibars, un esclavo mameluco. Este acontecimiento supuso el inicio del sultanato mameluco de Egipto, que duró hasta la conquista otomana en 1517.

*Los califas no fueron los únicos en admirar a los mamelucos. En el año 1798 Napoleón Bonaparte se propuso conquistar Egipto, que por aquel entonces estaba bajo dominio otomano. Aunque no lo consiguió, obtuvo algunas victorias, como la batalla de las Pirámides, en la que se enfrentó con su ejército a la caballería mameluca.*

*Armados únicamente con espadas, arcos y flechas, los mamelucos hicieron frente con valentía a las armas de fuego y los cañones de los franceses. Como era de esperar, perdieron la batalla, y con ella su influencia en Egipto; pero se ganaron la admiración de Napoleón, que, tras verlos luchar, decidió crear un regimiento de caballeros mamelucos dentro de su guardia imperial.*

*Fueron los mamelucos de Napoleón los que más tarde Goya retrató en* La carga de los mamelucos. *Este cuadro representa una escena del levantamiento del 2 de mayo de 1808, cuando el pueblo de Madrid se alzó en armas contra los franceses, que habían ocupado España.*

# Europa

Tras la caída del Imperio romano de Occidente, pueblos procedentes del norte del continente europeo y Asia Central se extendieron por Europa e instauraron los llamados «reinos bárbaros» —la palabra «bárbaro» procede del latín y significa 'extranjero'—. Estos pueblos practicaban la esclavitud; sin embargo, a medida que se fueron cristianizando, esta práctica sufrió un paulatino declive hasta que fue sustituida por la servidumbre, un contrato social y jurídico propio del feudalismo*.

*FEUDALISMO: sistema político y social que se instauró en Europa durante la Edad Media y que estaba basado en el vasallaje. Este consiste en un vínculo que se establece entre un señor y su vasallo y que obliga a ambas partes. Los nobles eran vasallos del rey, del mismo modo que los campesinos lo eran del señor feudal. En el primer caso, el monarca entregaba al noble unas tierras —el feudo— a cambio de su lealtad y protección en caso de guerra. En el segundo caso, los nobles tenían como vasallos a un grupo de campesinos, que se comprometían a trabajar su tierra a cambio de protección.

## La servidumbre medieval

A diferencia del esclavo, el siervo era un hombre libre, generalmente un campesino, que, tras haber firmado un contrato con el señor feudal, quedaba vinculado de por vida a las tierras que este poseía.

El siervo estaba obligado a labrar el campo y a entregar parte de la cosecha al señor feudal, que podía ser un noble, un eclesiástico o una comunidad monástica. A veces también tenía que pagar un tributo o servir en su ejército en caso de necesidad. A cambio, el señor feudal se comprometía a alimentarlo en épocas de hambruna y a protegerlo en caso de peligro (lo cual era frecuente en la Edad Media).

## Repúblicas de Venecia y Génova

La república de Génova fue fundada en el siglo XI y pronto se convirtió en una potencia marítima comercial. Su flota transportaba seda, medicamentos y

Señor feudal
y siervos campesinos

especias procedentes de Oriente; y también esclavos. Lo mismo puede decirse de la República de Venecia, su eterno rival en el control del comercio mediterráneo. Además de por mar, los esclavos viajaban por tierra en caravanas que partían del este de Europa y llegaban a Venecia después de atravesar los Alpes austriacos.

Entre 1200 y 1275, la mayoría de los esclavos que se vendían en los mercados venecianos y genoveses eran musulmanes venidos del norte de África y de los reinos hispánicos. A partir del siglo XIV, Génova se hizo con varias colonias en Crimea, región situada a orillas del mar Negro. Esto le permitió comerciar con esclavos de origen báltico y asiático (búlgaros, tártaros, rusos...). Los compraban en la ciudad de Caffa, en Crimea, y luego los distribuían por los mercados de esclavos de Europa occidental y los países árabes. Gracias al libro de viajes que escribió un castellano de la época, se sabe que la miseria en la que vivían los tártaros (habitantes de Asia Central) los empujaba a vender a sus hijos a los tratantes europeos.

## Portugal

En el siglo XV Portugal comienza su expansión por el continente africano con un doble objetivo: hacerse con el oro y la sal africanos, y llegar a las Indias Orientales para poder controlar el comercio de las especias.

En el año 1415 conquistan Ceuta (tras la batalla del mismo nombre) y, tras ocupar algún otro enclave en el norte de África, inician la exploración de la costa oeste. Su propósito era establecer asentamientos que les suministraran trigo, oro y, en menor medida, esclavos.

Gracias al apoyo del infante Enrique de Portugal, conocido con el sobrenombre de «el Navegante», los portugueses se lanzaron a la conquista del Atlántico. En 1424 se inicia la colonización de Madeira, un archipiélago atlántico que, aunque conocido por los romanos, no fue poblado hasta la llegada de los portugueses.

Por su clima y las características del suelo, Madeira era ideal para el cultivo del trigo, la vid y la caña de azúcar. Con la aparición en 1455 de las primeras plantaciones de caña de azúcar, surge la necesidad de mucha mano de obra. Sin embargo, los trabajadores libres europeos no querían trabajar en las plantaciones porque se trataba de un cultivo muy exigente y arduo, sobre todo durante la cosecha, razón por la que los portugueses recurrieron a los esclavos del África Occidental.

A lo largo de los años siguientes continuaron su expansión hacia el sur del continente africano. En 1486 colonizaron Santo Tomé y Príncipe, unas islas situadas en el golfo de Guinea que se convertirían en un enclave importante de la trata de personas.

Los portugueses compraban a los esclavos en los reinos vecinos del Congo y Benín, y de ahí los trasladaban a Santo Tomé. Una parte se destinaba a las plantaciones de azúcar de las islas, y otra se distribuía por Europa (y, años después, por el continente americano).

Enrique el Navegante organizó y financió diversas expediciones marítimas a las costas occidentales del continente africano en lo que fue la etapa de los grandes descubrimientos geográficos portugueses.

Gil Eanes fue el primero en conseguir navegar más allá del cabo Bojador en 1434.

Nuno Tristão llegó al cabo Blanco (1443) y a la desembocadura del río Gambia (1446).

Alvise da Cadamosto descubrió las islas de Cabo Verde y el río Senegal en 1456, en la última expedición financiada por Enrique el Navegante.

PORTUGAL

43

OCÉANO
ATLÁNTICO

Puerto de
Santa Maria de Belém

Tenerife

Cabo
Verde

Sierra
Leona

OCÉANO
ATLÁNTICO

ÁFRICA

Malindi
Mombasa

Mozambique

Vasco de Gama, descubridor
de la ruta marítima a la India
(1497-1499)

INDIA

Calicut

OCÉANO ÍNDICO

En el año 1498 el navegante luso Vasco de Gama bordea el cabo de Buena Esperanza y, un año después, alcanza el subcontinente indio. A partir de ese momento el comercio con Asia, que hasta entonces había estado controlado por los musulmanes, pasa a manos portuguesas, que establecen asentamientos y colonias a lo largo de África Oriental y en las costas del océano Índico. Productos como el oro, el marfil, la seda, la porcelana china y las especias eran transportados por los portugueses desde la India, Sri Lanka, las islas indonesias y malayas, y enclaves en China, para luego ser comercializados por todo el mundo.

OCÉANO ÍNDICO

## Hispania visigoda (siglos V-VIII)

En los siglos V y VI se asentaron en la península ibérica los visigodos, un pueblo de origen germano.

La sociedad visigoda se dividía entre hombres libres y siervos. El estamento más alto correspondía a la nobleza, que poseía la tierra y elegía al rey entre los suyos. En el escalón más bajo estaban los siervos y los esclavos; los límites entre unos y otros no siempre resultan claros en la actualidad. La mayoría de los esclavos lo eran por nacimiento o por haber sido capturados en la batalla; menos numerosos eran los que caían en la esclavitud por deudas o por haber cometido un delito.

La población esclava no era homogénea. No era lo mismo ser un esclavo agrícola y trabajar las tierras de un terrateniente que estar al servicio del rey o de un clérigo. Los primeros sufrían abusos y vejaciones y rara vez conseguían la libertad; los que estaban destinados al trabajo doméstico recibían un trato mejor y, si estaban al servicio del monarca, podían ejercer cargos palaciegos e incluso poseer tierras y esclavos. También se los aceptaba como testigos en un tribunal y estaba prohibido torturarlos (una práctica común con el resto de los esclavos).

# JERARQUÍA SOCIAL
# EN LA SOCIEDAD VISIGODA

REY

NOBLES Y CLERO

CAMPESINOS, SIERVOS Y ESCLAVOS

# Al-Ándalus (711-1492)

En el año 711 los musulmanes conquistaron la península ibérica. Según algunos documentos medievales, durante los primeros años los musulmanes hicieron esclavos cristianos; unos fueron enviados y vendidos fuera de la Península, y otros se quedaron aquí. Sin embargo, una vez que los musulmanes se asentaron en la Península, respetaron la libertad y la religión de los cristianos y judíos que vivían bajo su dominio a cambio de cobrarles un impuesto.

Esta circunstancia provocó que durante el siglo VIII hubiera un gran número de mozárabes, es decir, de cristianos que vivían bajo dominio musulmán. En los siglos siguientes su número se fue reduciendo debido a que muchos se convirtieron al islam. Aparte de los motivos religiosos, en esta decisión pesó que a los mozárabes se los consideraba ciudadanos de segunda: no tenían los mismos derechos que los musulmanes y eran víctimas de persecuciones puntuales.

Distinta suerte corrieron los cristianos que vivían más allá de las fronteras de al-Ándalus en la península ibérica. Muchos fueron capturados y convertidos en esclavos en las constantes guerras que los musulmanes libraron con los cristianos del norte. Por ejemplo, se sabe que entre los años 837 y 840 llegaron a territorio andalusí un número elevado de mujeres y niños cristianos procedentes de Álava y Galicia, y parece que la mezquita de Córdoba fue ampliada con la ayuda de esclavos castellanos.

Sin embargo, los prisioneros de guerra no fueron los únicos esclavos de al-Ándalus. Este territorio se convirtió en uno de los mercados más importantes de esclavos de origen eslavo.

Muchos llegaban a la Península siendo niños y, tras recibir una educación islámica, eran destinados a trabajos palaciegos. Y una parte considerable de estos esclavos eslavos corrieron un triste destino: la castración. Castrar a los esclavos varones fue una práctica común en el mundo musulmán (y en otras muchas civilizaciones antiguas). Los llamados «eunucos» eran muy valorados y alcanzaban un alto precio en el mercado. Un número muy elevado moría en la operación, que solían llevarla a cabo judíos; los que sobrevivían se distribuían por los harenes de todo el territorio islámico. Con el paso del tiempo, los eunucos se ganaron la confianza de las altas esferas y desempeñaron tareas relevantes, como hacer de intermediarios entre el sultán y sus inferiores, o guardar el harén.

## La Reconquista (siglos VIII-XV)

Los prisioneros musulmanes que los cristianos hicieron durante la Reconquista* fueron convertidos en esclavos.

*RECONQUISTA: *largo periodo bélico a lo largo del cual los cristianos de la península ibérica recuperaron el territorio invadido por los musulmanes en el año 711. Este proceso culmina en 1492 con la toma de Granada por los Reyes Católicos.*
*(En la actualidad, este término ha caído en desuso, a causa de las connotaciones ideológicas que posee).*

La esclavitud era una práctica amparada por las leyes de la Península. Antes del siglo XIII regía la tradición esclavista visigoda y, a partir de entonces, *Las siete partidas*, que son un conjunto de leyes que el rey Alfonso X de Castilla mandó elaborar en el siglo XIII y que estuvo vigente en España e Hispanoamérica hasta el siglo XIX.

En estas leyes hay un apartado dedicado a la esclavitud, en el que se especifican los tres supuestos en los que se tolera esta práctica:

—prisioneros de guerra (siempre y cuando hayan sido capturados en una guerra justa);

—descendientes de madre esclava;

—personas que se venden a sí mismas.

Algunos historiadores sostienen que la muralla de Ávila
fue construida en el siglo XI por un gran número de esclavos
musulmanes. También hubo presencia esclava en la construcción
de la catedral de Santiago dos siglos después.

Un caso especial en la historia de la esclavitud de la Península fue la Corona de Aragón, donde la trata de esclavos estuvo muy extendida, sobre todo en Barcelona, Mallorca y Valencia.

Barcelona fue un importante mercado de esclavos. El precio de estas personas dependía de su edad, su estado físico y el destino que se les fuera a dar. La franja de edad más valorada oscilaba entre los 14 y los 40 años, y las esclavas de origen oriental o balcánico tenían un precio superior a las africanas. En el caso de los hombres, el precio no variaba tanto.

Por ley, el vendedor debía informar al posible comprador del estado de salud del esclavo, indicando si tenía alguna enfermedad o defecto físico. Si no lo hacía, el comprador podía devolver al esclavo y recuperar su dinero, o quedarse con él pero recuperando una parte de lo pagado.

La mayor preocupación de los propietarios de esclavos eran las rebeliones y fugas. Para evitar las primeras, se crearon asociaciones cuyo cometido era castigar al esclavo que hubiera atentado contra su dueño. En cuanto a la amenaza de fuga, en el año 1350 el Consejo de Barcelona estableció que, en caso de huida de un grupo de esclavos, el cabecilla sería condenado a muerte y a los otros se les cortarían las orejas.

CORONA DE ARAGÓN

BARCELONA

VALENCIA

MALLORCA

También en los puertos y mercados de Andalucía, como Sevilla, Huelva, Cádiz o Granada, hubo una intensa trata de esclavos. Cuanto más cerca de Portugal, mayor era el número de esclavos.

Estos se concentraban sobre todo en las ciudades. Gracias a un documento de la época se sabe que en el año 1565 el 7,4 % de la población en Sevilla era esclava.

Desde la conquista de las islas Canarias en el siglo XV por los Reyes Católicos, barcos cargados de aborígenes de las islas atracaban en los puertos andaluces. También se comerciaba con esclavos africanos que habían sido capturados por los portugueses en Etiopía y Guinea. Tan frecuente era la presencia de estos últimos en la península ibérica que las referencias literarias a esta población son muy abundantes en las obras del Siglo de Oro. Por poner un ejemplo, el padrastro de Lázaro de Tormes era un hombre negro de origen esclavo.

La Corona empleaba a estos esclavos en la construcción de obras públicas; la nobleza, en el servicio doméstico, y las clases más humildes los utilizaban como ayudantes en el desempeño de su oficio. Pero mantener un esclavo resultaba caro, así que muchos propietarios optaron por dejarlos trabajar como asalariados libres a cambio de recibir parte de su salario. Algunos esclavos consiguieron reunir el dinero suficiente para comprar su libertad. Eran los llamados «moros cortados».

El pintor andaluz Diego Velázquez (1599-1660) tuvo un esclavo morisco, Juan de Pareja (1610-1670), al que inmortalizó en un retrato. Pareja provenía de una familia musulmana convertida al catolicismo tras la Reconquista. Se sabe que ayudaba al pintor en su taller preparando los lienzos y mezclando colores. No podía pintar ni dibujar porque eran actividades prohibidas a los esclavos, pero aprendió el oficio a escondidas y, aprovechando una visita del rey Felipe IV al taller del pintor, dejó uno de sus cuadros apoyado de cara a la pared. Cuando el rey pidió verlo, Pareja se postró ante él y le confesó que lo había pintado él. Impresionado con sus dotes pictóricas, el rey le pidió a Velázquez que le concediera la libertad. Desde entonces, Pareja se dedicó a la pintura.

Juan de Pareja pintando su obra *La vocación de San Mateo*, expuesta en el Museo Nacional del Prado.

# EL NUEVO MUNDO
# Y LA TRATA TRANSATLÁNTICA

Durante el siglo XV tanto el reino de Castilla como el de Portugal buscaron expandir su territorio más allá de la Península.

Castilla conquistó Lanzarote, Fuerteventura y El Hierro entre los años 1402 y 1405, pero el hecho de que fueran territorios castellanos no impidió que los portugueses recalaran en estas islas para proveerse de esclavos. Esta circunstancia generó un conflicto que no se resolvió hasta la firma del Tratado de Alcazobas, por el que castellanos y portugueses dividían el Atlántico mediante una línea horizontal imaginaria trazada a partir del cabo Bojador (situado al sur de las islas Canarias).

Los Reyes Católicos, Fernando II de Aragón e Isabel I de Castilla

Según este tratado, Castilla podía explorar y conquistar las tierras que estuviesen al norte de esa línea a cambio de reconocer el monopolio portugués del comercio con África y la soberanía sobre Guinea, Cabo Verde, Azores y Madeira. Por su parte, Portugal renunciaba a las islas Canarias de manera definitiva.

Tras el descubrimiento de América por Colón en 1492, el nuevo rey portugués, Juan II, reclamó estos territorios sobre la base del Tratado de Alcazobas. La réplica de los castellanos fue que en dicho tratado se hacía referencia al Atlántico oriental.

El asunto no estaba nada claro, así que, con el fin de resolverlo, se inició un largo periodo de negociaciones entre Castilla y Portugal. En el año 1493 la balanza se inclinó a favor de los Reyes Católicos cuando el nuevo papa les concedió las llamadas «bulas alejandrinas»,

Alejandro VI, papa de la Iglesia católica

Juan II de Portugal

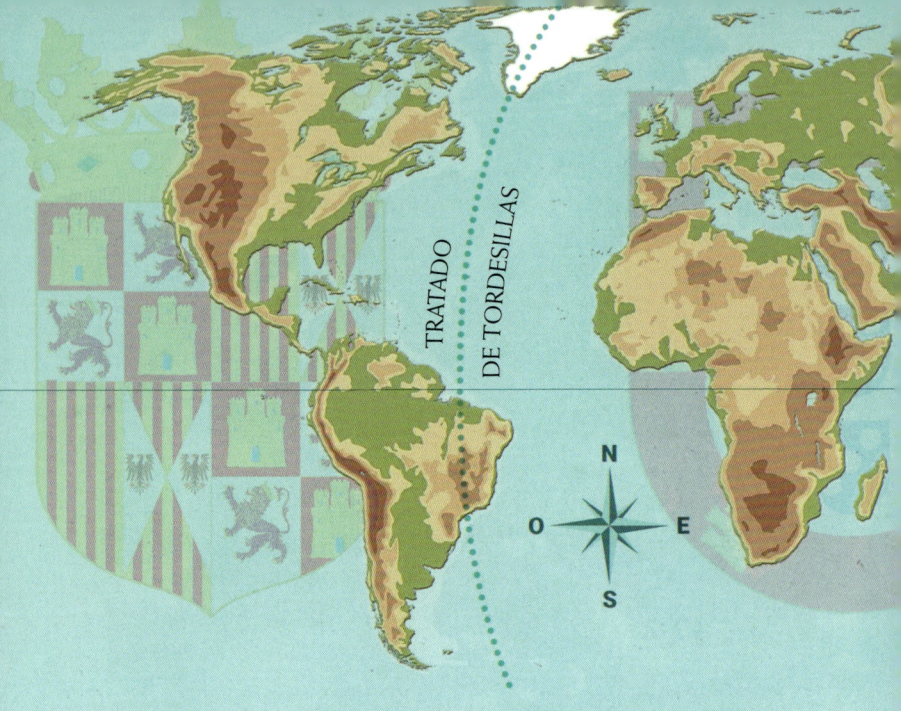

por las que otorgaba a Castilla el derecho de colonizar y evangelizar los territorios descubiertos por Colón. Como los portugueses seguían sin estar conformes, las negociaciones continuaron.

Un año después, en 1494, llegaron a un acuerdo con el Tratado de Tordesillas.

## El reparto del mundo

El 7 de junio de 1494 los Reyes Católicos y el rey Juan II de Portugal firmaron el Tratado de Tordesillas con la mediación del papa Alejandro VI. Por medio de este tratado, las dos Coronas se repartieron de nuevo el mapa, pero esta vez teniendo en cuenta el descubrimiento de Colón.

LÍNEA DIVISORIA

TERRITORIO
AL OESTE
DE LA LÍNEA,
PARA CASTILLA

TERRITORIO
AL ESTE
DE LA LÍNEA,
PARA PORTUGAL

Se trazó una línea vertical a 370 leguas marítimas
al oeste de Cabo Verde (islas africanas que pertenecían
a Portugal). Lo que quedaba al oeste de esta línea
pertenecía a Castilla; lo que quedaba al este, a Portugal.
De esta forma los portugueses se garantizaban que los
españoles no iban a rivalizar con ellos en la conquista
de los territorios que quedaban al otro lado del cabo de
Buena Esperanza, al sur de África, mientras que los
españoles hacían lo propio con las recién descubiertas
Antillas, en el Caribe.

No sabían en ese momento que, según esa línea,
una parte de lo que hoy es Brasil le correspondía a
Portugal. Por eso, cuando en el año 1500 Pedro Álvares
Cabral arribó a las costas brasileñas —no se sabe si por
accidente o de manera deliberada—, las nuevas tierras
pasaron a ser de la corona portuguesa.

En los años sucesivos los portugueses violaron el Tratado de Tordesillas al rebasar la línea establecida para adentrarse hacia el oeste de Brasil. Su excusa: que los instrumentos de medición eran imprecisos y resultaba muy complicado establecer los meridianos.

## La explotación del Nuevo Mundo

Tras el descubrimiento del continente americano, comenzó un proceso de colonización, primero por parte de los españoles y portugueses y, a partir del siglo XVII, también por parte de Inglaterra, Francia y los Países Bajos.

Los primeros gobiernos coloniales se establecieron en los núcleos urbanos de los antiguos imperios americanos. Su objetivo era doble: por un lado, cristianizar a los pueblos indígenas; por otro, explotar las riquezas agrícolas y mineras del nuevo territorio y exportarlas a Europa. Para esto último se sirvieron de los colonos, que gobernaron y explotaron las tierras que se les habían concedido en nombre de la Corona.

Las tierras americanas eran propicias para el cultivo de la caña de azúcar; sin embargo, los primeros colonos españoles y portugueses se encontraron con un problema de mano de obra. Muchos asalariados europeos murieron a causa de las enfermedades tropicales y lo mismo ocurrió con la población indígena, que se vio mermada por las infecciones que llevaron los europeos.

A esto había que unirle que los nativos que sobrevivieron no parecían muy dispuestos a soportar las duras condiciones de trabajo de las plantaciones de azúcar y, en cuanto tenían oportunidad, huían. Ante esta situación, los portugueses recurrieron a los esclavos africanos, un comercio que llevaban practicando desde hacía tiempo.

En cuanto a Castilla, en el año 1512 se aprobó una legislación que prohibía la esclavitud de la población indígena. Las Leyes de Burgos sostenían que los indios eran hombres libres, dueños de su casa y su hacienda (aunque también contemplaban que se les obligara a trabajar para los colonos). Sin embargo, nada se dijo sobre la esclavitud africana, por lo que los españoles también recurrieron a ella.

## La trata

Desde el siglo XVI hasta el siglo XIX un número ingente de hombres y mujeres africanos fueron vendidos como esclavos y trasladados por mar hacia el continente americano.

Aunque existe una gran polémica acerca del número de esclavos africanos que fueron trasladados a América, en el año 2018 el por entonces secretario general de las Naciones Unidas, António Guterres, calificó la trata transatlántica como «el mayor movimiento forzado de personas en la historia de la humanidad». Según los datos aportados, entre los siglos XVI y XIX más de 15 millones de hombres, mujeres y niños africanos la sufrieron. De estos, algo más de un 3 % fueron trasladados en el siglo XIV; un 16 %, en el siglo XVII; un 52,5 %, en el siglo XVIII, y el 28,5 % restante, durante el siglo XIX.

Se calcula que, por cada europeo que cruzó el Atlántico, llegaron cuatro personas africanas. El legado de esta migración es la gran población de ascendencia africana que sigue viviendo en la actualidad en todo el continente americano.

La importancia del comercio de esclavos atlántico para la economía mundial fue extraordinaria y afectó a todos los sectores económicos europeos, incluso en los países que no poseían colonias ni esclavos. Sin embargo, el coste en vidas humanas y sufrimiento fue incalculable.

## Los negreros

Los portugueses fueron los primeros tratantes de esclavos del Atlántico, ya que tenían el control de los puntos de suministro en la costa africana. La mayoría de estos esclavos provenía de las regiones situadas en el centro y oeste de África, y su destino eran las colonias portuguesas y españolas.

En un primer momento no hubo tratantes españoles, o muy pocos. Esto se debe a que la Corona española limitó el comercio de esclavos a un sistema conocido con el nombre de «encomienda». La encomienda otorgaba a un tratante (normalmente extranjero) el derecho de vender un número específico de esclavos en una colonia española.

La trata era un negocio muy lucrativo, y los portugueses no pudieron impedir que a partir del siglo XVII se incorporaran tratantes de otras nacionalidades, sobre todo británicos y holandeses.

## El trueque africano

Los barcos europeos llegaban a la costa occidental
africana cargados de productos. Allí los esperaban los
comerciantes africanos con sus esclavos.

Los europeos se aventuraron pocas veces al interior
de África en busca de esclavos. La razón era doble: por
un lado, así se lo exigían los soberanos africanos;
por otro, hacerlo suponía exponerse a enfermedades
mortales.

Los comerciantes africanos solían pertenecer a la élite
(a menudo eran los propios gobernantes) y controlaban
todo el proceso:

—primero se hacían con extensos grupos de esclavos
en el interior del continente;

—después los trasladaban a la costa;

—por último, comerciaban su venta con los europeos,
supervisando el destino de los cautivos y cobrando
impuestos por la transacción.

En cuanto a los esclavos, muchos eran prisioneros de guerra, pero este no era el único caso. También había personas acusadas de cometer algún delito (asesinato, brujería, deudas, robo…). Y otros muchos fueron secuestrados y separados violentamente de su familia sin que hubiera ninguna razón. Hombres, mujeres y niños fueron obligados a recorrer largas distancias a pie o en barco hasta llegar a la costa, donde continuaba el calvario.

Una vez allí, se los desnudaba para que el cirujano los revisara. Los mayores de 35 años y aquellos que tenían un defecto físico eran apartados. Los que quedaban se mostraban para la venta.

El trueque se llevaba a cabo del siguiente modo: los europeos ofrecían a los comerciantes africanos una parte de la mercancía que llevaban en sus barcos (principalmente telas, alcohol, armas de fuego, herramientas manufacturadas y conchas de cauri, un caracol marino que los africanos utilizaban como moneda). A cambio de estos productos, escogían a los esclavos con mejor aspecto.

Tras el trueque, se marcaba a los esclavos en el pecho con un hierro candente para que los tratantes supieran a quién pertenecía cada uno. Después los encerraban en unas cabañas o barracones en la playa, donde permanecían hasta el momento de partir.

## El viaje

Cuanto más tiempo pasaban los tratantes europeos en la costa africana más posibilidades tenían de enfermar por la escasez de agua potable y alimentos. Sin embargo, no podían emprender viaje hasta no tener suficientes esclavos —de lo contrario el viaje no era rentable—, y otras veces era el mar el que imponía la espera.

El viaje por mar duraba entre dos y tres meses, dependiendo del lugar de destino. Durante este largo trayecto, unos cuatrocientos esclavos convivían en condiciones insalubres en un espacio reducido. Lo habitual era separarlos en tres grupos: por un lado estaban los hombres; por otro, los jóvenes, y el tercer grupo lo componían las mujeres y los niños. Tras separarlos, los hacinaban en la cubierta inferior, normalmente con una argolla al cuello y grilletes en los pies.

Si el tiempo lo permitía, los subían a cubierta para que tomaran el aire e hicieran ejercicio —siempre en grupos pequeños para evitar motines o que se arrojaran por la borda—. Pero si había tempestad, lo cual era

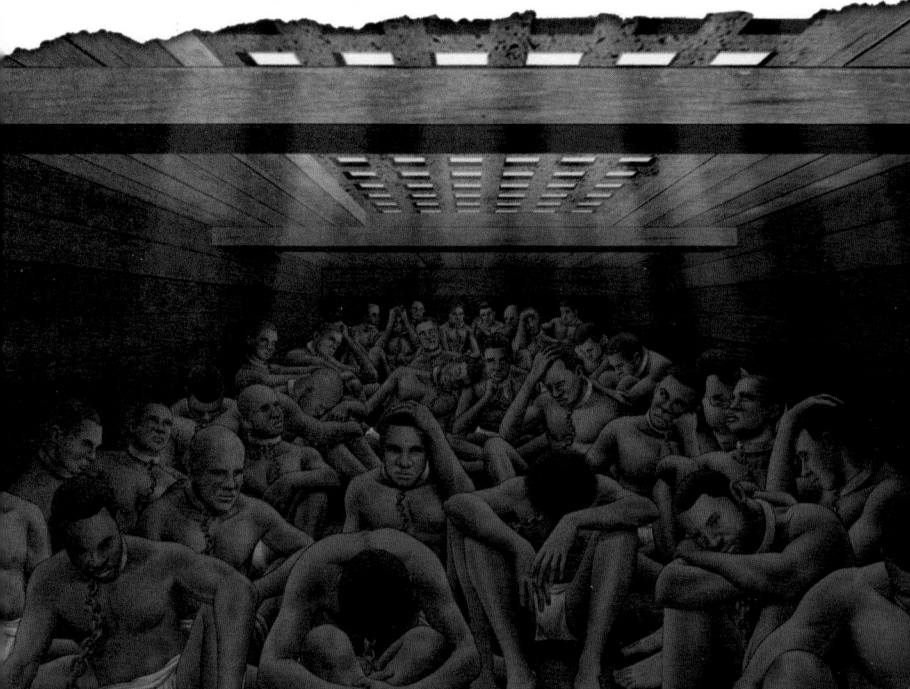

Entre los siglos xv y xix, más de 12 millones de personas fueron transportadas a través del océano. Casi 2 millones murieron en las travesías y sus cuerpos eran arrojados al mar.

frecuente, permanecían encerrados sin ver la luz del sol ni asearse. Al parecer, los barcos negreros desprendían tal hedor que podía percibirse desde otro barco situado a varias millas a sotavento.

Los esclavos solo recibían un tazón de harina y una jarra de agua; en cambio, los golpes, latigazos e insultos eran frecuentes. A algunos se los obligaba a trabajar: limpiar la cubierta inferior, vaciar las vasijas que se utilizaban como orinales, cocinar... A veces se recompensaba a estos esclavos con un poco de licor o tabaco.

La suciedad, las enfermedades y el miedo causaban estragos. Se calcula que casi dos millones de africanos murieron durante las travesías marítimas. Estos datos se conocen porque, como cualquier mercancía, las pérdidas se registraban en los libros de contabilidad.

La mortalidad fue muy elevada, sobre todo al principio; con el paso del tiempo los tratantes aprendieron a mantener a los esclavos con vida pese a las pésimas condiciones del viaje.

Para evitar motines a bordo, siempre había centinelas en las puertas y en los pasillos, y se hacían revisiones periódicas de la cubierta inferior en busca de cualquier herramienta que pudiera ser utilizada como arma. Aun así, hubo motines y muchas peleas entre los esclavos, lo que era inevitable al haber tantas personas encerradas en un espacio tan reducido.

También los marineros europeos sufrieron en estos barcos. La costa occidental africana era el peor de los destinos posibles y, si se enrolaban, era solo porque

no tenían otra opción. Muchos hombres morían durante el trayecto de enfermedades que habían contraído en la costa, como malaria y fiebre amarilla, y los que sobrevivían tenían que soportar el desprecio de los tratantes, que los consideraban escoria y solían llamarlos «esclavos blancos».

Los marineros eran los encargados de los esclavos. Debían evitar motines, poner fin a las peleas e infligir los castigos cuando eran necesarios. También dependía de ellos preparar a los esclavos para su venta. Conforme el barco se iba aproximando a su destino, los marineros les quitaban los grilletes para curarles las rozaduras; los aseaban, afeitaban y teñían para ocultar las canas, y les untaban el cuerpo con aceite de palma para que su piel luciera más brillante. Esos últimos días también los alimentaban mejor, los subían más veces a cubierta y los dejaban descansar: todo para aumentar su valor.

## El trueque americano

Una vez en la costa americana, los esclavos eran conducidos a mercados y almacenes. Aquí se producía el segundo trueque: los compradores americanos cambiaban sus productos (azúcar, tabaco, cacao y metales preciosos) por los esclavos y la mercancía que traían los barcos europeos.

Esto ocurría con una parte de los esclavos. Para otros, el viaje aún no había acabado, pues, tras recalar en la costa americana, aún debían recorrer un largo trayecto hasta llegar a su destino definitivo. Esto fue lo

que les sucedió a 200.000 esclavos que, tras arribar a Jamaica, fueron trasladados a las colonias españolas y francesas.

Todo el proceso de la trata resultaba tan traumático que muchos esclavos que habían sobrevivido al viaje morían a lo largo del año siguiente.

## La esclavitud en las colonias españolas y portuguesas

Para explotar las materias primas de América y trabajar en las nuevas plantaciones, los españoles y los portugueses necesitaron una abundante mano de obra esclava.

Durante los primeros tiempos, los españoles se centraron en la explotación minera, para la que se sirvieron de esclavos indígenas. Se sabe, por ejemplo, que unos 448.000 indios nicaragüenses fueron esclavizados y llevados a Perú para la explotación de las minas. Sin embargo, el declive demográfico de la población nativa provocado por las nuevas enfermedades (sarampión, fiebre amarilla, tifus y gripe), unido a la prohibición temprana de la esclavitud indígena, supuso un freno a esta práctica.

Portugal se centró desde el principio en las plantaciones de azúcar, que proliferaron en todo Brasil y supusieron el despegue de la esclavitud negroafricana en el nuevo continente.

España también tuvo explotaciones agrícolas en sus colonias del Caribe, pero el despegue se produjo

más tarde, a partir del siglo XVIII. Se calcula que a lo largo del siglo XIX fueron trasladados a las plantaciones de tabaco, caña y café de Cuba y Puerto Rico unos 750.000 esclavos.

En las plantaciones de azúcar los esclavos se organizaban en cuadrillas. Los más fuertes y robustos se destinaban a la primera cuadrilla, que se ocupaba de las tareas más duras, como desbrozar a machetazos, plantar y estercolar. La segunda cosechaba la caña y se la pasaba a la siguiente cuadrilla, que la ataba y la cargaba en carros con destino a la factoría. Aquí se molía la caña, se hervía, se destilaba y se metía en barriles.

El trabajo de vigilancia y control se asignaba a un grupo escogido de esclavos. Estos desempeñaban el papel de capataces, jefes de cuadrilla o carreteros y, a cambio de controlar a sus subordinados, tenían mejor alojamiento, ropa y raciones de comida, e incluso recibían premios.

Para castigar la falta de trabajo y evitar cualquier tipo de sublevación, se recurría a los castigos físicos, sobre todo los latigazos con fustas de cuero.

Aparte del trabajo en el campo, había esclavos que desempeñaban funciones más especializadas. Algunos conocían a fondo el trabajo agrícola: sabían qué cultivo era el mejor, cuándo y cómo había que cosechar, y cuál era el mejor momento para procesar la cosecha, embalarla y transportarla. También había canteros, carpinteros y herreros, que se ocupaban del mantenimiento de las herramientas y las infraestructuras de la plantación; además, estaban los esclavos domésticos y, en entornos urbanos, los marineros, estibadores y vendedores.

La dieta deficitaria, las duras condiciones de trabajo y las palizas regulares provocaron que la esperanza de vida de los esclavos de estas plantaciones fuera muy baja.

## La esclavitud en las colonias británicas

Durante un tiempo, la intervención británica en el Nuevo Mundo se limitó a la piratería. Entre los años 1586 y 1603 unos 235 piratas merodearon por el mar Caribe a la espera de asaltar las naves españolas y hacerse con sus tesoros (siempre con el apoyo de la Corona británica).

A partir del siglo XVII, sin embargo, los británicos mostraron interés por colonizar la región. A pesar de los muchos peligros de esta empresa, miles de ingleses partieron hacia el Nuevo Mundo. La mayoría lo hizo libremente, aunque también hubo quien aceptó convertirse en siervo para poder pagar su pasaje (eso sin contar con los que habían ido a la fuerza, como presidiarios y huérfanos). A todos los movía el anhelo de encontrar una vida mejor, lejos de la rigidez de la sociedad británica, donde prosperar resultaba casi imposible si se provenía de la clase humilde.

Entre los años 1630 y 1640 llegaron a América más de 20.000 colonos. En 1607 se fundó Jamestown en Virginia, la primera de las Trece Colonias (nombre que recibieron las primeras colonias británicas en América del Norte). Los británicos también se asentaron en Canadá y en las islas del mar Caribe. Estas últimas colonias resultaron ser las más lucrativas, gracias a las plantaciones de azúcar (solo en Jamaica,

en el año 1700, trabajaban en las plantaciones británicas 50.000 esclavos).

En 1750 las colonias británicas de América del Norte tenían ya millón y medio de habitantes. Aunque había ciudades importantes, como Nueva York o Boston, la mayoría de los colonos vivían en un entorno rural. Eran agricultores, y sus productos se comercializaban en la potente red comercial del Imperio británico.

Entre los años 1680 y 1750 el número de esclavos creció exponencialmente, sobre todo en las colonias del sur, donde se necesitaba mano de obra esclava para trabajar en las grandes plantaciones. En 1776, momento en el que Estados Unidos se independizó de la Corona británica, vivía allí medio millón de esclavos. Y al inicio de la guerra de Secesión, cuando los estados del norte se enfrentaron a los del sur, la población esclava era ya de cuatro millones, de los cuales un 60 % trabajaba en las plantaciones de algodón.

# Los esclavos de las colonias del norte

En Nueva Inglaterra —región situada al nordeste del país— se trataba mejor a los esclavos, que por otro lado eran menos numerosos.

Trabajaban seis días a la semana desempeñando oficios variados: estibadores, artesanos, comerciantes, cocineros, mozos de cuadra, mayordomos, criados… También había esclavos en las granjas, donde vivían en pequeñas chozas, a menudo compartidas con otra familia.

El domingo era su día de descanso. Entonces asistían a misa o a su propio culto, y se entretenían tocando música, bailando y contando relatos. También aprovechaban para fabricar sus propios muebles, hacer mejoras en la casa e incluso a veces se les permitía cultivar una pequeña parcela.

Aparte de lo que cosechaban en su huerto, la dieta de los esclavos dependía del propietario, y no solía incluir carne. En cuanto a la ropa, dependía del trabajo que desempeñaran. Los esclavos que se dedicaban al servicio doméstico iban siempre bien vestidos, pues eso contribuía a la imagen que proyectaba su dueño.

El matrimonio entre esclavos dependía de los dueños. Eran ellos quienes decidían si aceptaban o no una boda, incluso estaban en su derecho de separar a los cónyuges si les resultaba conveniente. Los amos más religiosos, sin embargo, eran más respetuosos con esta institución y, en caso de venta, procuraban no romper los matrimonios.

## Los esclavos de las colonias del sur

En el sur había grandes plantaciones de tabaco, arroz y algodón que dependían casi por completo de la mano de obra esclava, por lo que esta era muy numerosa.

A diferencia de las colonias del norte, las del sur se gestionaban siguiendo el modelo de las plantaciones británicas de Barbados, donde el miedo de los propietarios a las sublevaciones había impuesto medidas muy restrictivas que hacían la vida del esclavo aún más dura. Por ejemplo, no podían salir de la plantación sin permiso, y el riesgo a verse separado de su familia o la comunidad siempre estaba presente, pues los traslados de una plantación a otra estaban a la orden del día. Tampoco se les permitía tocar instrumentos o cantar.

En cuanto a sus costumbres, en las plantaciones más grandes los esclavos vivían en poblados; en las de menor tamaño, residían en pabellones o cabañas. Los esclavos domésticos a menudo vivían en casa de su propietario. Estos iban mejor vestidos que los que trabajaban en el campo, que apenas tenían prendas para cubrirse el cuerpo. Su dieta, poco variada, tenía como base el arroz.

Algunos propietarios permitían el matrimonio entre esclavos; otros separaban a las parejas. En cualquier caso, siempre era mejor que los esclavos se casaran con miembros de su plantación para evitar que los hijos pasaran a otras manos (los hijos de esclavos pertenecían al dueño de la madre). Los niños permanecían al cuidado de los padres hasta los cinco años, momento en el que empezaban a trabajar. Aunque, en realidad, como los padres trabajaban de sol a sol, eran las mujeres mayores de la comunidad las que se ocupaban de ellos.

# La sublevación de los esclavos en América

La mayoría de los hombres y mujeres víctimas de la trata atlántica asumió su terrible destino y se limitó a expresar su frustración con pequeños actos de rebeldía cotidiana, como fingir estar enfermos, desempeñar con torpeza su trabajo o romper herramientas. Sin embargo, hubo un pequeño porcentaje que se rebeló. Algunos intentaron fugarse nada más ser capturados en su lugar de origen; otros lo hicieron mientras eran trasladados en barco a América —hay constancia de 400 motines en los barcos negreros—, y también hubo fugas en las plantaciones.

Los esclavos se fugaban para ir en busca de sus seres queridos cuando los habían separado a la fuerza, o porque la comida escaseaba y las condiciones de vida eran demasiado duras. A veces a los propietarios les venía bien deshacerse de unos cuantos esclavos, y entonces no impedían que se marcharan.

Las rebeliones fueron más frecuentes en las Indias Occidentales y en Brasil. Aquí surgieron los llamados «cimarrones», esclavos fugitivos que, tras esconderse en regiones remotas e inaccesibles, formaban una comunidad. A día de hoy perviven en Jamaica cuatro asentamientos cimarrones. Su origen se remonta a 1655, cuando un grupo de esclavos se refugió en zonas remotas de la isla para huir de los británicos, que acababan de arrebatar la isla a los españoles.

Pese a que hubo levantamientos por toda América, solo la revolución de Haití (1791-1804) logró acabar con la sociedad esclavista de la isla.

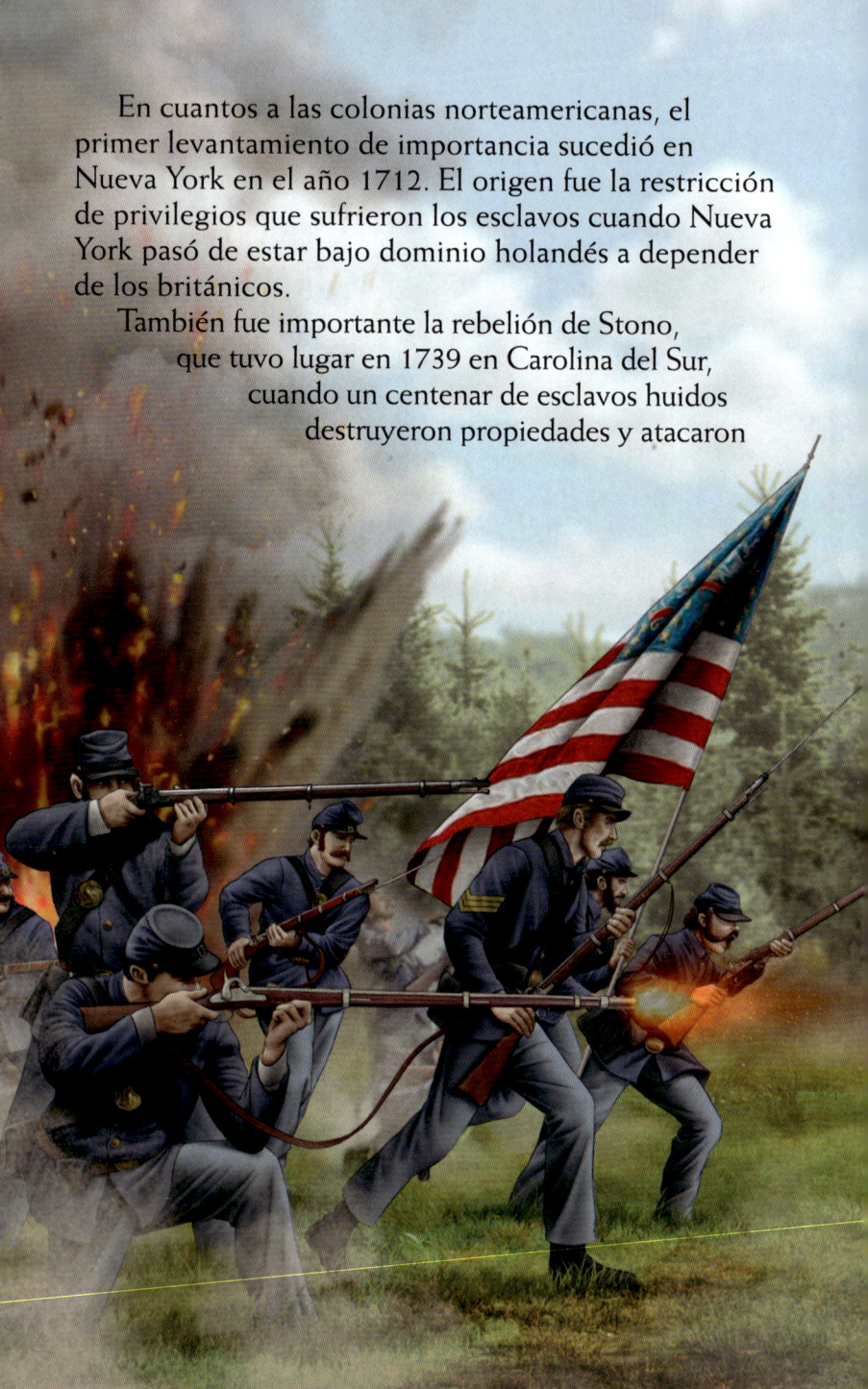

En cuantos a las colonias norteamericanas, el primer levantamiento de importancia sucedió en Nueva York en el año 1712. El origen fue la restricción de privilegios que sufrieron los esclavos cuando Nueva York pasó de estar bajo dominio holandés a depender de los británicos.

También fue importante la rebelión de Stono, que tuvo lugar en 1739 en Carolina del Sur, cuando un centenar de esclavos huidos destruyeron propiedades y atacaron a los propietarios. Durante la sublevación murieron 25 colonos y 30 esclavos, aunque muchos más esclavos fueron ahorcados o quemados en el transcurso del año siguiente.

En la primera mitad del siglo XIX se multiplicaron las rebeliones. Por ello, se crearon leyes aún más duras contra los esclavos, lo que aumentó el conflicto entre los estados del sur y del norte, que acabó desembocando en la guerra civil americana.

## ¿QUÉ FUE EL «FERROCARRIL SUBTERRÁNEO»?

Pese al nombre, no se trataba de un tren, sino de una red clandestina que se ocupaba de ayudar a los esclavos que habían huido. Las primeras referencias que se tienen de su existencia datan de mediados de la década de 1830, y durante las dos décadas siguientes la red se fue perfeccionando. Como se trataba de una actividad muy peligrosa que implicaba enfrentarse al Estado y a un castigo que podía suponer la pena capital, debía llevarse a cabo con el más absoluto secreto; de ahí la necesidad de utilizar un lenguaje en clave.

El campo semántico elegido fueron los trenes. Los «maquinistas» ayudaban a los esclavos en la primera etapa de su fuga en los estados del sur. Les proporcionaban todo lo necesario para la huida: disfraces, mapas, indicaciones sobre dónde podían hospedarse, e incluso había quienes los guiaban durante el trayecto.

Luego estaban las «estaciones», que por lo general eran casas particulares donde los fugitivos podían refugiarse entre una parada y otra. Los «pasajeros» eran los esclavos, y las rutas que seguían, las «vías». Normalmente huían por tierra, a pie, en carro y, los menos, en tren; solo unos pocos lo hacían en barco. Solían viajar de noche, en grupos pequeños dirigidos por un guía.

El viaje era muy largo y lo hacían bajo la amenaza constante de los «cazadores», que eran cazarrecompensas contratados por los dueños de los esclavos fugados. En cuanto al destino de los «pasajeros», casi siempre eran los estados del norte y Canadá.

La mayoría de los que participaban en el ferrocarril subterráneo eran activos abolicionistas, muchos de ellos antiguos esclavos o negros nacidos libres. Como la seguridad era lo primero, estas personas utilizaban pseudónimos para no comprometerse y evitaban tener contacto entre sí; tampoco se permitía a los esclavos contar quiénes los habían ayudado.

Aun así, con el paso del tiempo se han ido conociendo los nombres de las personas que participaron en esta red clandestina. Por citar algunos ejemplos, cabe destacar al abolicionista Isaac Hopper, uno de sus precursores en Filadelfia. También a William Still, al que se conoce como el «padre del ferrocarril subterráneo». Este afroamericano nacido libre fue uno de los maquinistas más activos (se dice que ayudó a 800 esclavos). Por último, hay que recordar al matrimonio formado por Levi y Catherine Coffin. Por su finca pasaron entre 1826 y 1847 más de 2.000 esclavos, lo que convirtió su casa en una de las «estaciones» más frecuentadas.

Esta red humanitaria permaneció activa hasta que la Guerra de Secesión acabó con la esclavitud. Aunque no existen cifras exactas, se calcula que ayudó a escapar a entre 30.000 y 100.000 esclavos.

William Still

Isaac Hopper

Levi y Catherine Coffin

## UNA HUIDA DE PELÍCULA

Henry «Box» Brown nació en 1815 en una plantación del estado sureño de Virginia (EE. UU.). Al ser hijo de esclava, él también lo fue. A los 15 años lo enviaron a una plantación de tabaco. Allí conoció a su mujer, con quien tuvo tres hijos. Brown llegó a un acuerdo económico con su dueño para que no separara a su familia, pero este no lo cumplió y vendió a la mujer de Brown y a sus hijos a un esclavista de Carolina del Norte. Fue entonces cuando Brown decidió escapar con el objetivo de buscar a su familia y reunirse con ella.

En 1849 Henry le pidió a un carpintero que le construyera una caja lo suficientemente grande como para que cupiera él en su interior y que tuviera tres agujeros para poder respirar. Después escribió en la tapa la dirección de una persona que se dedicaba a ayudar a esclavos fugitivos, y, tras indicar la posición en la que debía ir la caja, se metió en su interior.

La caja, con Brown dentro, unos cuantos víveres y un poco de agua, fue enviada a Filadelfia. Fueron veintisiete horas de viaje en tren y barco de vapor. A veces la caja iba en la posición correcta; otras no. Pese a todas las penurias, el osado fugitivo se mantuvo en completo silencio para no delatarse.

Aunque Brown logró su objetivo y alcanzó la libertad, no consiguió reunirse con su familia, pues el dueño se opuso a venderle su libertad. A partir de ese momento y hasta el día de su muerte, Henry se dedicó a luchar a favor del abolicionismo.

# ABOLICIÓN DE LA TRATA Y EMANCIPACIÓN

En el siglo XVIII se empezó a cuestionar la esclavitud desde el punto de vista moral y religioso. Los cuáqueros* de Filadelfia fueron los primeros en denunciar la brutalidad de esta práctica. Enseguida se les unieron miembros de la Iglesia metodista y cuáquera de Inglaterra, que la calificaban como un escándalo de la humanidad.

*CUÁQUERO: miembro de una comunidad religiosa que tiene su origen en el cristianismo protestante. También llamados «Iglesia de los Amigos», se caracterizan por no tener un credo oficial, ser pacifistas y defender la experiencia personal con Cristo, sin intermediarios.

Gracias a los escritos de intelectuales y miembros de la Iglesia, el movimiento abolicionista se extendió rápidamente y consiguió un gran apoyo social. La trata empezó a verse como algo inmoral, anticristiano e incluso poco rentable (se decía que mantener a los esclavos resultaba muy caro y que, además, no trabajaban con la misma eficacia que un trabajador libre asalariado).

Los esclavistas se defendían de estas acusaciones diciendo que la liberación de los esclavos traería anarquía y derramamientos de sangre, y como ejemplo citaban la sublevación de Haití.

El movimiento abolicionista consiguió que se prohibiera el comercio de esclavos y, mucho tiempo después, la esclavitud.

**George Fox** (1624-1691), fundador de la Sociedad Religiosa
de los Amigos o Iglesia de los Amigos, generalmente
conocidos como «cuáqueros» o «amigos».
Los cuáqueros rechazaron la esclavitud desde su aparición en
Inglaterra y fueron los primeros que la condenaron en Estados Unidos,
incluso antes de la independencia de ese país.

El primer país en abolir la trata fue Dinamarca en el año 1803; lo siguieron Inglaterra en 1807, y Holanda y Francia en 1815. En el continente americano se aprobaron leyes contra la trata y la esclavitud a medida que los países de América del Sur y Central fueron alcanzando la independencia. Estados Unidos abolió oficialmente la esclavitud en 1865, cuando el norte ganó a los estados esclavistas del sur en la Guerra de Secesión.

> *El último barco negrero estadounidense, el Clotilda, llegó a Alabama en 1860 con un centenar de esclavos africanos a bordo.*

La prohibición de la trata, sin embargo, no hizo que la situación de los esclavos mejorara; al contrario, el hecho de que la sociedad empezara a ver con malos ojos la esclavitud provocó que los esclavos de las colonias británicas del Caribe se sublevaran con más asiduidad; ante esta situación, los esclavistas recrudecieron las condiciones de trabajo de sus esclavos y restringieron los privilegios que habían adquirido.

El siguiente paso tras acabar con el comercio de personas fue hacer un censo para vigilar que la ley se estaba cumpliendo. En los años siguientes, este registro evidenció que la población esclava estaba en franco retroceso.

En 1888 la esclavitud desapareció en toda América con la proclamación de la Ley Áurea, que la abolió oficialmente en Brasil.

Abraham Lincoln (1809-1865) declaró la libertad de los esclavos en EE. UU. mediante la Proclamación de Emancipación, aunque esta solo los liberara en zonas de la Confederación no controladas por la Unión. La esclavitud desapareció definitivamente con la 13.ª enmienda a la Constitución, aprobada en 1865, ya terminada la guerra.

# Historia de la abolición en España

Frente al vacío legal que se produjo los primeros años en las colonias españolas de América, en 1512 se prohibió la esclavitud de los nativos en las Leyes de Burgos. La razón: eran súbditos de la Corona y, como tales, debían ser considerados ciudadanos libres.

Sin embargo, a la vez que se legislaba para proteger a los indígenas de la esclavitud, se establecía el llamado sistema de «encomienda», que obligaba a los nativos americanos a trabajar para los conquistadores y colonos españoles.

En los primeros años la encomienda sirvió como licencia para que el conquistador pudiera explorar, colonizar y explotar los nuevos territorios en nombre de la Corona española. El conquistador se quedaba con el 80 % de las riquezas que este proceso le proporcionaba —lo que incluía la mano de obra de los nativos de ese territorio—; el 20 % restante correspondía a la Corona.

Este sistema se extendió de los conquistadores a los colonos. La encomienda se les concedía de por vida, pues se creía que, si la relación con los esclavos era larga, el colono los trataría mejor. El Consejo de Indias, que controlaba desde España todos los aspectos relacionados con las colonias, intentó que los nativos no sufrieran abusos. Pese a esto, hubo conquistadores y colonos que cometieron todo tipo de atropellos con la población local.

Tanto en el reinado de Carlos I como en el de Felipe II hubo intentos de abolir el sistema de encomienda, pero se encontraron con una fuerte

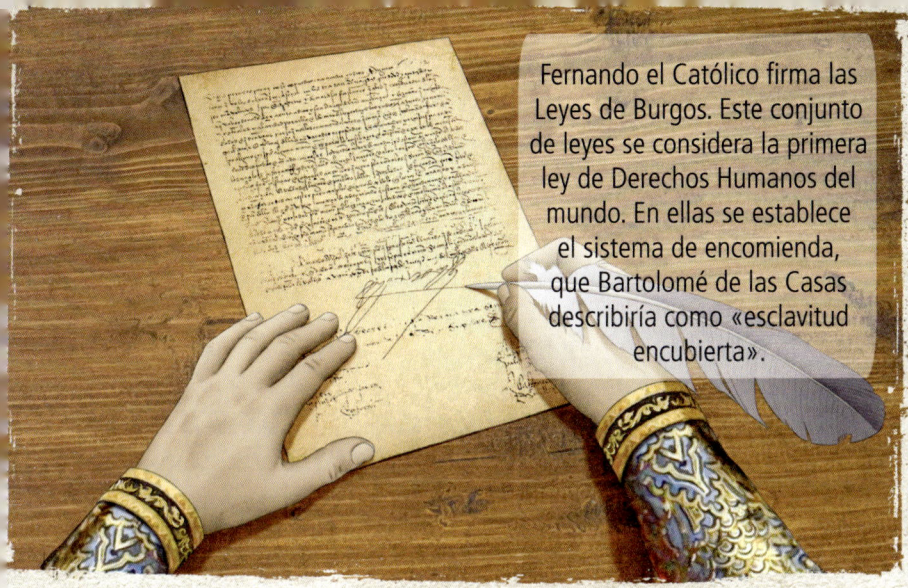

Fernando el Católico firma las Leyes de Burgos. Este conjunto de leyes se considera la primera ley de Derechos Humanos del mundo. En ellas se establece el sistema de encomienda, que Bartolomé de las Casas describiría como «esclavitud encubierta».

resistencia, y hubo que esperar a los primeros años del siglo XVIII para que el sistema llegara a su fin (aunque en determinadas zonas del imperio continuó existiendo hasta la década de 1780).

Las leyes de las que hemos hablado hasta ahora no protegían a los esclavos africanos (se calcula que alrededor de un 22 % de la trata transatlántica de esclavos tuvo como destino territorio hispano).

La abolición de la esclavitud en España se produjo en el año 1837, pero con una clamorosa excepción: Cuba y Puerto Rico. La pervivencia de la esclavitud en estas regiones generó duros enfrentamientos entre sus defensores y detractores.

El 22 de marzo de 1873 por fin entró en vigor la ley que abolía la esclavitud en Puerto Rico. Cuba tuvo que esperar hasta 1880, año en el que se liberó por decreto real a los 30.000 esclavos que aún quedaban en la colonia.

# LA ESCLAVITUD
# EN LA ACTUALIDAD

En la actualidad la esclavitud está prohibida en todo el mundo y se considera delito de lesa humanidad (es decir, que atenta contra la población o parte de ella).

En el año 1926, y bajo el auspicio de la Sociedad de Naciones, 64 países firmaron en Ginebra la Convención sobre la Esclavitud, un tratado internacional que declaraba ilegales la esclavitud y la trata. Estas naciones se comprometían a tomar medidas legislativas, penales y administrativas para luchar contra ambas en todo su territorio, incluidas las colonias.

Treinta años más tarde se vio que esta legislación no era suficiente y se amplió para incluir prácticas como:

–la servidumbre por deudas (el deudor se ve obligado a servir a la persona con quien tiene una deuda sin que exista un equilibrio entre esta y el servicio prestado ni límite en el tiempo);

–la servidumbre de la gleba (hace referencia a la situación de una persona que por ley, tradición o acuerdo se ve obligada a vivir y trabajar una tierra que pertenece a otra persona y a prestarle determinados servicios, con o sin remuneración, sin que tenga libertad para cambiar su condición);

–la tradición por la cual los padres entregan en matrimonio a su hija a cambio de dinero u otros bienes sin que la mujer pueda oponerse;

–la tradición por la cual una mujer, a la muerte de su marido, puede ser transmitida por herencia a otra persona;

–la práctica por la cual los padres entregan a su hijo a otra persona con el objeto de que el niño trabaje para ella.

Pese a la legislación vigente, no se ha conseguido erradicar del todo esta lacra social. En el siglo XX aún se esclavizaba a hombres y mujeres en África por la demanda de los países árabes; los regímenes nazi y estalinista utilizaron en la primera mitad del siglo XX mano de obra esclava, y aún en nuestros días existe una red ilegal de trata de personas sostenida por el crimen organizado.

De hecho, la trata es la tercera fuente ilegal de ingresos por detrás del tráfico de armas y de drogas. Consiste en un comercio internacional que tiene como fin la explotación laboral y sexual. Las víctimas —en su mayoría mujeres y niños— provienen de 127 países, y su comercialización genera beneficios multimillonarios a los delincuentes.

En el año 2000 Naciones Unidas creó un protocolo específico sobre la trata, que se definía como la captación, transporte, traslado, acogida o recepción de personas utilizando la fuerza, la coacción, el rapto, el fraude, el engaño o abusando del poder sobre la víctima, ya sea por su vulnerabilidad o porque se ofrezcan beneficios a quienes tengan autoridad sobre ella, con el fin de la explotación sexual, laboral o situaciones análogas, como la extracción de órganos. Se añade que, si la víctima es menor, los casos anteriores serán considerados trata aunque la persona o sus familiares hayan dado su consentimiento.

FIL

Société des Nations

CONVENTION RELATIVE
A L'ESCLAVAGE

# El defensor de los indígenas

Bartolomé de las Casas nació en Sevilla hacia el año 1484. De joven debió de estudiar latín, pues lo escribía correctamente, pero no hay rastro de que hiciera una carrera universitaria. En 1502 zarpó junto a su padre hacia el Nuevo Mundo. Durante unos años permaneció en La Española, primera colonia americana del Imperio. Más adelante se ordenó sacerdote y formó parte, en calidad de capellán, de la expedición enviada a conquistar Cuba. Tras presenciar los abusos que los conquistadores infligían a la población indígena, emprendió una campaña en defensa de los derechos de los indios. De las Casas se mostró en contra del sistema de encomienda —que calificó de «esclavitud encubierta»—, y abogó por la liberación de esclavos y la restitución de lo robado. En uno de sus viajes a España consiguió que el rey Carlos V lo recibiera en audiencia. De resultas de esta entrevista, el rey decidió tomar medidas, y ese mismo año se promulgaron unas leyes que daban mayor protección a los indígenas.

# LIBERTAD PARA LOS ESCLAVOS, IGUALDAD PARA LA MUJER

Lucretia Mott nació el 3 de enero de 1793 en Massachusetts. Hija de un matrimonio cuáquero, fue educada en la idea de que todos los seres humanos son iguales, principio que forjó su persona.

En 1812 se casó con James Mott, y años después el matrimonio se trasladó a Filadelfia. Aquí entraron en contacto con la comunidad cuáquera local. En estas reuniones Lucretia brilló por sus dotes oratorias, lo que empujó a la comunidad a nombrarla ministra.

En paralelo a su actividad religiosa, Mott desarrolló una intensa actividad a favor del abolicionismo y la igualdad de derechos de las mujeres. En 1833 fundó junto con su marido la Sociedad Femenina Antiesclavista de Filadelfia, y años después fue invitada a participar en el Congreso Mundial Abolicionista. Cuál no sería su sorpresa cuando, al llegar a Londres, no le permitieron participar como oradora (se esperaba que las mujeres invitadas solo fueran en calidad de oyentes). La igualdad del hombre y la mujer aún estaba lejos de conseguirse. Al menos el congreso le sirvió para conocer a Elizabeth Cady Stanton, una norteamericana con quien compartía ideales. A su vuelta a Estados Unidos, ambas promovieron la Convención de Seneca Falls, un hito en la lucha a favor de los derechos de la mujer.

# LEER CON SUSAETA